AF226622

JOURNAL

DE

L'INVASION DE 1870

LETTRES D'UN PÈRE

A SON FILS

TOURS

IMPRIMERIE A. MAME ET FILS

M DCCC LXXI

INTRODUCTION

Ces lignes étaient destinées au cercle intime de la famille et ne devaient point franchir le seuil sacré.

Aussi, au moment de les livrer aux presses de mon illustre compatriote, ai-je éprouvé une extrême répugnance. J'hésitais ; j'hésite peut-être encore.

L'âme aussi a sa pudeur. Pourquoi suis-je sorti de cette réserve si naturelle, si légitime ?

Je vais le dire avec simplicité, — comme je le pense.

En ces tristes jours, les plus néfastes de notre histoire nationale, où le malheur a pris toutes les formes pour nous frapper, l'édifice social, sourdement miné de longue date par les démolisseurs, craque par la base et menace de nous engloutir tous, dans un effondrement social.

Vers quel point de l'horizon tourner nos regards terrifiés? — où trouver le coin bleu dans ce ciel si sombre?

Ah! si, comme pour nos pères, en leurs jours d'épreuves, il s'échappait encore de cette lointaine éclaircie un rayon de la foi antique! s'il nous était possible d'en raviver une seule étincelle! — s'il m'était donné à moi, pauvre voyageur ignoré sur cette sphère de douleurs, de faire éviter à mes compagnons de route les sentiers ombreux, mais trompeurs, où s'égara jadis notre jeunesse, de les ramener, d'une main amie et sincère, dans cette belle et large voie qui seule conduit à la vérité, cette vérité éternelle qui est Dieu, combien je m'estimerais heureux! — heureux de cette joie pure que donne à tout cœur honnête le sentiment élevé du devoir!

Oui, c'est un devoir, un devoir strict, de s'aider en ce monde, et de crier à ses frères : « Prenez garde! ceci conduit aux abîmes! »

La pensée d'avoir ramené un seul de ces enfants de la terre dans la bonne et simple voie de la vérité, d'avoir réveillé en lui les doux et purs enseignements d'une pieuse enfance, — cette époque charmante et regrettée, où les plus endurcis retrouvent, à travers les jours écoulés, les visages souriants de ces êtres chéris qui, penchés sur notre berceau, nous ont fait balbutier notre première prière entre deux baisers, — cette pensée me serait douce au moment où s'arrêtera mon pied fatigué de ce rude pèlerinage de la vie. Elle me fortifie, et me donne le courage dont j'avais besoin.

Puisse Celui qui me l'a inspirée, et à qui je l'offre, tout infime qu'elle est, la bénir et la faire fructifier !

JOURNAL

DE

L'INVASION DE 1870

LETTRES D'UN PÈRE A SON FILS

14 DÉCEMBRE 1870. — Où es-tu, mon Henry?...
je te cherche..., la maison est vide, — et mon
cœur est si plein!...

Voilà ton gymnase, ta petite chambre à côté
de la mienne, les livres que tu feuilletais il y a
si peu de jours encore, ton chien qui me regarde
de ses grands yeux inquiets et intelligents...; il
me demande sans doute où est le compagnon de
ses jeux?... Quand pourrai-je répondre à ses
muettes et caressantes questions? Dieu seul le
sait!

Parfois il me semble entendre ton pas si ra-
pide; la cloche tinte; — sa vibration me fait
tressaillir et trouve un écho dans mon cœur...;

mais ce n'est pas ta main impatiente qui l'agite, — c'est peut-être celle d'un Prussien!...

Un Prussien! — ce nom qui est mon cauchemar depuis quatre mois!

Non : — ce n'était qu'une alerte... Ils sont à ma porte; mais ils n'y frappent pas encore.

Écoute : — depuis ton triste départ, ma position étant supprimée par le nouveau pouvoir et l'effet d'une basse calomnie, d'une de ces intrigues politiques que tu verras du reste se reproduire à chaque changement de gouvernement, ta mère et moi nous avions résolu de retourner à notre chère Fontaine et d'y vivre loin des hommes qui m'ont fait tant de mal ou d'y mourir au foyer domestique, que nos armées, mal commandées ou trahies, disait-on, ne pouvaient. plus protéger.

Nous sommes ici depuis le 1er de ce mois. A cette époque l'ennemi était encore près d'Orléans, mais retiré dans la direction de Paris — du moins on nous le disait — comme on nous a dit tant de choses!...

Tout à coup, un matin, à l'heure où jadis nous faisions autour du parc notre promenade favorite, j'entends, dans le lointain, ce bruit sourd et prolongé du canon, puis les roulements de la mousqueterie, les détonations stridentes de cet infernal engin moderne, les mitrailleuses!... chaque coup vibrait en moi.

C'était la guerre avec tout son cortége d'horreurs, la guerre sur le sol sacré de la patrie, la guerre, ce fléau stupide, cet anachronisme sanglant, qui s'approchait de nous.

Orléans vient d'être repris, sans combat, par les Prussiens!

Après Sedan et Metz il nous restait donc encore quelques gouttes à boire dans cette coupe d'amertume?

Orléans revêtu d'excellentes fortifications en terre, armées de 500 bouches à feu, de nombreuses pièces de marine à longue portée, défendues par 200,000 hommes victorieux à Coulmiers quinze jours auparavant!...

Tout à coup, mystère encore inexpliqué, pendant la nuit cette armée stupéfaite, notre dernière espérance, abandonne précipitamment ses lignes, enclouant ses canons et livrant sans défense à l'ennemi notre douce patrie, nos chères vallées de la Loire et Orléans notre dernier boulevard.

O Jeanne d'Arc, où étais-tu?...

Tu crois peut-être, enfant, que là s'arrêtera la

série de ces défections, de ces désastres sans nom, dont s'épouvantera l'histoire un jour !...

Non.

Écoute encore, si ton cœur ne se soulève pas de honte et de patriotique douleur.

Ces trois ou quatre derniers jours — je ne sais plus, vois-tu, car notre vie est un mauvais rêve... — ce terrible canon s'approchait toujours, toujours — malgré les faux bulletins de victoire, ou de mouvements stratégiques dérisoires dont on nous berçait, — un matin, après avoir déclaré que Blois, pauvre petite ville paisible et ouverte, ne voulait ni ne pouvait soutenir un siége, on fait sauter notre pont, ce pont objet de la trop naïve admiration de nos campagnards, peu élégant, il est vrai, mais si honnête dans sa solidité ! Son caractère s'harmonisait si bien avec notre chère cathédrale, notre beau château historique !

Soudain une détonation terrible ébranle nos vitres, ici, à 6 kilomètres de Blois ! — stupeur et désespoir de la population, dont les mandataires avaient lutté jusqu'à la dernière heure, pour empêcher cette dévastation ruineuse et bien inutile, hélas ! — tu vas en juger.

On fait venir en toute hâte de Vendôme infanterie, cavalerie, artillerie. On va se défendre, et s'immortaliser par une défense héroïque.

Tous les préparatifs sont à peine terminés, que le corps prussien, venu par la rive gauche, se présente à la tête du pont, côté du faubourg de Vienne : — après de longs pourparlers, sais-tu le résultat de tout ce tapage?

Le départ précipité des troupes, celui non moins expéditif des autorités qui avaient conçu ce magnifique plan de campagne, malgré l'opposition énergique de nos meilleurs citoyens.

Le *** corps passe sous nos fenêtres et défile furieux, mais en bon ordre.

En somme, retraite générale et abandon à elle-même d'une pauvre population qui tombait alors entre les mains d'un ennemi que devait nécessairement irriter ce simulacre inoffensif de démonstrations belliqueuses.

Voilà donc ces Romains modernes, ces farouches représentants d'une grande République, qui devaient, dans leurs vertus austères, renouveler les gestes héroïques des rudes populations des temps antiques! Il ne reste plus autour de nous que de malheureux paysans désarmés et quelques rares et courageux citoyens de notre chère ville, qui préfèrent s'ensevelir dans leur berceau.

Ah! mon Henry, que cette dure leçon serve à ta jeunesse d'éloquent enseignement. Ne profane jamais la pureté de tes sentiments au service de la politique.

Comme ton pauvre père, en ce moment accablé de tout le poids des malheurs publics et des siens, n'aie plus d'autre maître que Dieu.

O mon cher Seigneur, si indignement méconnu, si grand, si bon, si généreux cependant, dans votre clémence inépuisable, quand donc sonnera l'heure où elle descendra sur nous, misérables, plongés dans les abîmes de l'anéantissement social?

Quand donc finira ce châtiment terrible, et trop bien mérité? — oui, mérité!...

Quand on ne voit plus chez un peuple ni respect pour une autorité quelconque, qu'elle vienne de Dieu ou des hommes, ni bonne foi dans les relations, ni estime pour ce qui n'est pas *de l'or*, on peut facilement prévoir sa chute. — et sa chute à courte échéance. La nôtre est aussi profonde que soudaine.

Et pouvait-il en être autrement?

Outre l'abaissement du niveau moral et la corruption qui déborde, même en nos villes de province, quel silence, quelle désertion dans vos basiliques, ô notre Maître adorable !.

Si, lorsque sonne l'heure sainte de la prière, quelques pieuses femmes s'agenouillent encore sur le sol, courbant leurs fronts devant la Majesté sainte qui leur donna, avec la vie, les bonheurs douloureux de la maternité, combien d'hommes, prétendus éclairés, passent dédaigneux et altiers devant les portiques sacrés? Ce Dieu, si puissant et méconnu, atteste aujourd'hui sa redoutable existence. Entendront-ils sa voix ?

Espérons-le pour l'avenir de l'humanité. Espérons, mon enfant, mais surtout en sa miséricorde. Elle seule, sache-le bien, peut nous arracher des profondeurs où nous descendons.

Les Prussiens ont passé la Loire dans des barques, à côté de notre pont si inutilement détruit. La ville s'est rendue. Elle semblait depuis deux jours changée en un tombeau sous la menace d'un bombardement.

Quelques obus ont été lancés sur la ville haute. Un petit nombre d'habitants courageux ont fait, d'une rive à l'autre, le coup de feu avec les Prussiens; quelques-uns ont été tués, — deux femmes ont subi le même sort dans le faubourg de Vienne,

— frappées, hélas! par des balles françaises : victimes innocentes et inutiles, d'une défense sans persévérance et sans résultat.

Aujourd'hui les fronts se rassérènent un peu. Le vainqueur paraît user, jusqu'à présent du moins, avec assez de douceur et de modération de sa facile victoire. Sa discipline, dit la proclamation du général prussien, protége les femmes et les propriétés habitées. — Celles dont l'approche de l'ennemi a fait fuir les maîtres sont impitoyablement saccagées.

Dieu veuille que cette honorable mansuétude se prolonge. Je n'ose y croire. Ce serait un adoucissement à nos maux. Mais qu'ils vont être grands, mon Henry! Ne te tourmente pas cependant. Unissons-nous par la pensée et prions : — c'est notre seul refuge, notre dernière consolation.

Quand liras-tu ces lignes, mon enfant bien-aimé? Hélas! je n'en sais rien. Si elles arrivent à leur destination, tu y retrouveras un reflet de cette affection immense, inénarrable, que seul peut comprendre le cœur d'un père, mais que l'œil de l'enfant lui-même ne sondera jamais.

Adieu pour ce soir, mon Henry; — à demain — s'il m'est permis. Mon esprit est fatigué, ma main laisse tomber la plume. Je jette un long regard dans ce triste et sombre horizon où je te cherche... en t'envoyant une dernière bénédiction dans un baiser.

15 DÉCEMBRE. — Que te dirai-je aujourd'hui, mon enfant? — Je ne suis point en veine ce matin; toute cette nuit le sommeil n'a pu fermer ma paupière. Je pensais trop !

J'ai essayé, dans ma lettre d'hier, d'esquisser les premières heures de notre navrante situation; — mais j'ai dû négliger bien des détails.

Chose étrange que cette association de la nature avec les douleurs humaines ! Notre vallée, si riante jadis, était couverte d'un dôme de plomb. Neiges et glaces partout, — ciel sombre, — silence de mort. On n'entendait que le bruit des lourds chariots, des canons des Prussiens sur la rive opposée, vers Chailles. Ils nous entourent d'un cercle de fer, — le vide se fait autour de nous.

En ces moments terribles tu pourras facilement faire une étude instructive sur l'humanité. Retiens bien ceci :

Sur tous ceux qui m'entouraient jadis, et dont tu dois encore entendre les chaleureuses protestations, sais-tu combien ont donné signe de vie à ton père, depuis que la nouvelle administration a jugé opportun de récompenser ses dix-huit ans de services, en la forme que tu connais ?

Il en est jusqu'à trois que l'on pourrait citer.

Mme de la M..., Mme de B^y, et nos bons amis P. C'est tout.

A, peine les autres m'aperçoivent-ils, que je me crois atteint de la variole, tant ils font lestement demi-tour. On dirait qu'ils ont appris l'exercice à la prussienne. Toujours ces Prussiens ! — C'est une idée fixe...

Hier un violent coup de sonnette retentit. Cette fois, ce sont eux. — Je serre fébrilement l'arme du moment suprême, celle que j'ai aiguisée de mes propres mains et qui doit sauver l'honneur de ta mère et le mien ! — Je m'incline rapidement et je prononce à voix haute et ferme les paroles sacrées :

In manus tuas, Domine, commendo animam meam !

Je marche vers la porte, que j'ouvre d'un geste énergique ; puis, calme désormais, je fixe les envahisseurs ! . . . .

. . . .

Pas de casques, de manteaux sombres ..

C'était Norine, apportant deux pains frais et bien dorés, ma foi !

Je voudrais sourire, mon Henry, je ne puis — le sourire a déserté la lèvre des vaincus.

Et chacune de ces heures si longues s'écoule silencieuse, et tombe, une à une, dans le gouffre éternel..., comme l'eau qui suinte d'une caverne humide et glisse sans bruit, goutte à goutte, sur la mousse verdâtre, chaque heure de ce supplice, de cette mortelle attente, est marquée d'un incident pareil. Que cette agonie est lente, mon Dieu ! Je ne sais si je n'aimerais pas mieux le fait accompli. Patience : ils ne peuvent tarder. Ta mère dit que c'est la toilette du condamné, — je la trouve longue...

Ah ! cette fois, dit Norine en entrant tout essoufflée, cette fois, Monsieur, nous y sommes !

Un soldat frappe violemment la porte avec la crosse de son fusil — je lui parle à travers le guichet, — mais il demande l'entrée immédiate.

— *Brod, kase, fleisch, wein, cognac ;* voilà ses premières paroles.

J'ai parfaitement compris. Il n'est pas besoin de chercher longtemps les analogies avec mon anglais.

C'est un Polonais. Est-ce ici et dans de pa-

reilles circonstances que nous devions nous trouver face à face? — Pour moi, cet homme, c'est
le remords vivant! Pauvre Pologne! si fidèle et
si infortunée! — Il paraît bon, — simple, — du
reste un peu gris. Je lui demande s'ils sont toujours malheureux en Pologne; — il baisse la
tête et me montre successivement divers points
de l'horizon : — Prusse — Autriche — Russie —
et cherche à me faire comprendre, en mauvais
français, la dispersion de son peuple, dispersion,
hélas! qui nous menace aussi!... Il est triste et
repète ces mots que tant d'autres m'ont redits
depuis : France, très-malheureuse; Prusse, malheur aussi!

Ce n'est que trop vrai! « Êtes-vous de Wilna?
de Varsovie? » Il s'émeut à ce souvenir, et veut
me prendre la main. « Impossible, je ne puis!
— elle a versé le sang de mes frères. » Il le com-
prend, et s'éloigne!...

Quelle fureur infâme que cette guerre! — des
peuples innocents s'égorgent sans haine, pour
assouvir la rage de conquête de deux ambitions
rivales; — arrêtez, malheureux, vous étiez frères
avant d'être Prussiens et Français!

Mais je ne me trompe pas? — je l'entends
dans le lointain! — c'en est fait, — le canon

gronde encore au nord de la côte; — c'est la lutte dernière. — Est-ce l'agonie d'un grand peuple, ou sa résurrection et sa vie?...

Il se rapproche, — c'est bon signe; car les nôtres viennent de Saint-Amand et de Vendôme, — les Prussiens se replient donc sur Blois? Les détonations se succèdent avec rapidité; le combat est dans toute sa fureur, à peine à huit kilomètres (deux lieues) de nos coteaux.

Six heures soir. — Les décharges de l'artillerie, les clameurs de la bataille, paraissent s'éloigner dans la direction du nord. Il me semble que c'est de bon augure. Ah! si l'armée de Paris!... Ne nous berçons pas de tant d'espoir, la ruine de cette dernière planche de salut serait trop douloureuse. Que la nuit va être longue! Seigneur, faites que ce ne soit pas la veille du condamné!...

On m'assure qu'une troupe de cavaliers prussiens vient de traverser la ville au galop, et passe le pont; — ils vont peut-être retrouver et prévenir ceux qui campent dans les bois de Chaumont et de Villeloüet.

J'entends leurs clairons; ils me déchirent le cœur, et cependant j'aime tant la musique allemande : mais pas en France... Espérons donc, et puisons notre seule force en Dieu.

A demain ; — peut-être !...

Vendredi, 16 décembre. — Que cette nuit a été orageuse ! — Le vent secouait nos peupliers et courbait leurs cimes élevées. C'était la grande voix de la nature, redisant au ciel les douleurs de la terre. Des sifflements aigus, des plaintes lugubres, sortaient de la profondeur des bois. On eût dit que tous les esprits de l'air étaient déchaînés, et engageaient une lutte suprême : triste image d'une réalité plus triste encore...

Je suis allé entendre la messe et chercher au pied des autels le calme que je suis impuissant à conserver ici.

Encore ces clairons, encore ces chariots !... quel espoir vient luire à nos yeux fatigués ?... Ils remontent en sombres colonnes vers Blois, conservant leur admirable régularité de marche. — Nous montons sur la levée ; — quel fantastique panorama !

A nos pieds la Loire, sur laquelle flottent aux premiers rayons de l'aube, de légères et moites vapeurs ; au fond les grands bois de Madon, de Villelouët, de Chaumont, sont couronnés de ces mêmes vapeurs affectant à s'y méprendre les formes indécises des chaînes Alpestres vues dans le lointain ; un faible rayon de soleil se joue sur leurs cimes… Si c'était l'aurore d'un beau jour?…

Ah ! — Ces longues files noires se glissent derrière les peupliers, et remontent le cours du fleuve ; — plus de doute, ils vont à Blois. Si c'était leur départ définitif ! Hélas ! non ; — ils vont rejoindre le corps d'armée que décidément nous avons battu hier.

Des bruits de victoire circulent dans l'air. — Les Prussiens paraissent inquiets ; ils font de nombreuses reconnaissances. — Ceux-là savent se garder !…

Est-ce donc la fin de nos maux? Hélas ! nos espérances les mieux fondées n'ont-elles pas été trop de fois déçues !…

Un mobile de Sologne me donne des nouvelles de notre jeune fermier. Quelle joie pour ses pauvres parents si mortellement inquiets. Il n'est pas blessé! Il est retourné à son corps en formation. Depuis la bataille de Coulmiers, où son régiment avait tant souffert, toute trace de lui était perdue. Ah! mon Henry, si tu eusses été à sa place! — le cœur me bat… J'écris par ce jeune soldat au pauvre père. Que l'amour chrétien, mon enfant, est une douce chose! Sous combien de formes ne peut-il pas se manifester?

Oublions le mal que m'ont fait les hommes, en aimant Dieu dans ses créatures.

Tu vois, cela porte bonheur. — Ah! mon enfant, quelle joie! c'est le père Blaise, — le vieux marinier si dévoué à ta grand'mère, — le brave et excellent homme! — il a traversé les lignes prussiennes, au milieu de tous les dangers, pour m'apporter de ses nouvelles!... Elle vit, — en tremblant sur mon sort, mais elle n'est pas malade. — Dieu bon! tu vois, mon enfant; — c'est le tour du pauvre. Ah! si les hommes savaient ce que c'est que s'aimer!...

Et cependant le canon gronde encore au loin, et des flots de sang inondent les champs, où deux grandes nations s'égorgent au lieu de se tendre la main!

Le père Blaise repart, — que tous les bons anges le protégent et le ramènent à ma mère aimée, à sa modeste demeure, le cœur réchauffé par le sentiment d'une bonne action!...

Toutes nos bénédictions l'accompagnent.

17 DÉCEMBRE. — Tu n'auras rien aujourd'hui, mon enfant. Les Prussiens ont encore rapproché leurs avant-postes. Ils sont à l'entrée du chemin de la Chapelle, dans la maison de Mme Ch., tu sais? Nous ne pouvons plus sortir. Aucune nou-

velle du dehors ne nous arrive, — le mouvement, le travail, la vie de relations, tout a cessé. — C'est la tristesse du cachot, le silence de la mort.

Tantôt le père B. est venu me prévenir que l'ennemi faisait des perquisitions dans les maisons pour trouver les armes, le fourrage, etc. Voilà le commencement des vexations : où cela s'arrêtera-t-il? Pendant notre frugal repas, ils sont entrés chez notre plus proche voisine, Mme Th.; ils ont fouillé toute la maison, brisé les serrures de la cave, bu et brisé toutes les bouteilles, etc. — Gentillesses de nobles vainqueurs; c'est un détail : s'il n'y avait que cela ! Ce sera sans doute notre tour ce soir.

Que, selon la pieuse prière de ta dernière lettre, mon Henry, la protection de Dieu garde la maison de tes pères et les pauvres parents que tu y as laissés !... A ce soir, — si...

DIMANCHE 18. — Le jour se lève. Nous voyons donc encore celui-là ! Merci au bon Dieu. Salut, soleil, il y a longtemps que je n'avais vu ton visage. C'est peut-être pour cela qu'il me paraît si doux ! — Comme ses premiers rayons semblent se baigner avec délices dans ces légères vapeurs qui s'élèvent de nos eaux si limpides ! — La Fontaine, avec ses bosquets, ses prairies, ses blanches statues, sort graduellement des ombres de la nuit. Jamais cette douce et paisible retraite ne m'a paru si séduisante... Hélas! comment sera-t-elle ce soir? Elle et moi le verrons-nous seulement?...

Quelle vie, Seigneur, ou plutôt quelle mort de chaque jour! — La mort...: si c'était au moins celle des batailles? au milieu de l'enivrement du combat, de cette fièvre de la lutte qui fait battre le cœur d'un vrai Français. Non, c'est la mort à froid, les bras croisés et *désarmés*, celle de la victime conduite à l'abattoir.

Allons, du courage. Il en faut, et beaucoup. On a beau faire, on ne saurait se familiariser avec la pensée que ces tortures morales peuvent se prolonger.

Voici l'heure de la messe: — pourrons-nous même y assister? Je vais essayer.

Si cependant ils allaient, pendant cette courte absence, envahir la maison, la piller, enlever ta jolie petite vache noire, au front orné d'un disque argenté, cette jolie *Lunette*, qui venait manger si délicatement dans ta main la touffe verte que tu lui avais choisie... l'honnête personne, — et ma femme l'aime tant! Ils n'auront peut-être pas la cruauté de la priver de sa nourrice; car elle mérite sérieusement ce nom: — avec cette poitrine si mauvaise, elle est vraiment la source où elle puise chaque matin la santé et la vie; — cette invasion brutale amènerait assurément une secousse nerveuse, redoutable pour une constitution déjà ébranlée par les émotions de ces derniers jours.

Ils ont enlevé bien d'autres vaches à nos pauvres voisins, autrement à plaindre que nous! Mais des soldats ivres s'occupent bien de pareils détails! — pourvu qu'ils vivent, et grassement, aux dépens des vaincus, — c'est là surtout leur but et leur idée fixe; — ruiner et affamer la France!

Et mon petit Fido, le joyeux et charmant compagnon des jeux de mon enfant? — ils l'emmèneront aussi, — c'est une razzia générale; je le sais; — ils emporteront tout dans leur froid et sombre pays!

Allons, n'importe : il faut d'abord remplir son devoir envers Dieu. Je mets tout ce petit monde domestique sous la protection de ceux qui, d'en haut, veillent sur les exilés de la terre, et je pars.

Ah! une bonne nouvelle dès le seuil : le poste des Prussiens près la Chapelle vient d'être supprimé. — Est-ce bien vrai? Notre prison va donc s'élargir un peu? Nous pourrons donc sortir de nos demeures et sentir moins pesant sur nos poitrines ce lourd et terrible cauchemar ? — Déjà l'air y pénètre plus librement. Si c'était un commencement de départ?... Ne laissons pas si vite l'espérance pénétrer en nous, — le réveil serait le découragement.

Voici cependant des nouvelles de Blois. — Les Prussiens auraient été défaits près Vendôme; Paris et Bourbaki s'approchent... Comme le cœur me bat !... Mais on nous a trompés tant de fois ! — Allons remercier Dieu de cette lueur fugitive d'espérance, et remettons tout entre ses mains bénies ; — une heure de calme et d'espoir, c'est un coin du paradis pour les malheureux.

Adieu, mon Henry. Ta pensée et celle de ma mère bien-aimée vont s'unir dans la fervente prière que ce cœur endolori va offrir à Celui qui nous appellera un jour, j'espère, dans ce monde où l'on aime et où l'on ne pleure plus !

Lundi 19. — Ce matin les Prussiens ont supprimé le poste installé à la Chapelle, c'est vrai ; mais en échange ils en ont établi un de 400 hommes environ à la Vicomté. Chez nos voisins, G. d'Av. et Arn... Le cercle de fer est complet. Hier, pour exercer leur adresse sans doute, comme au temps jadis les archers de Louis XI au Plessis, ils ont

tiré de l'autre côté du fleuve, sur un malheureux vigneron qui travaillait paisiblement sur
le coteau. La balle a effleuré ses vêtements. Pourquoi cette stupide et inutile cruauté? Jeux de
soldats, dira-t-on, comme jadis notre cher poëte
Casimir Delavigne disait : « Jeux de prince! »

Le jeune P***, le fils de ma bonne hôtesse de
Blois, vient me voir tous les jours. C'est une
très-honnête et très-intelligente nature, que ses
sentiments chrétiens me font estimer. Il habite
la petite maison voisine, que ses bons parents
ont achetée du fruit de vingt années de rudes
et pénibles labeurs.

Voilà, mon enfant, les résultats d'un emploi
raisonné de cette force irrésistible, de ce puissant levier qu'on appelle le travail. Mais je t'entends d'ici me redire en souriant, ce que nous
nous permettions de murmurer à mi-voix au
temps heureux des réunions autour de la table
de famille :

« Gare! voilà maman qui monte en chaire. »

Tu vois, pauvre petit, que tu ne peux éviter
notre éloquence patriarcale ; mais, au fond,
conviens-en, ces sermons, qui provoquaient
chez toi certaines petites impatiences, manquaient-ils d'opportunité?

Dusses-tu m'accuser de te poursuivre aussi de mes oraisons, je ne suis pas fâché de te narrer en passant un trait édifiant de ce vertueux adolescent. — Tu le trouveras exemplaire. — Il vient chaque jour, remarque bien, chaque jour, me demander, comme une faveur, une leçon d'anglais! — Te voilà édifié maintenant sur l'origine de la haute estime en laquelle je le tiens. Sans raillerie aucune, mon cher enfant, cette langue lui sera très-utile dans ses relations de commerce, et il se frotte les mains d'avance en caressant l'idée d'une splendide inscription, en lettres monstrueuses, sur les vitraux de l'étalage : *English spoken here.*

Il n'imite pas, lui, certain jouvenceau de mon entourage, qui, à la troisième ligne de ce pauvre *Télémaque* (*horresco referens*), interrompait invariablement mes doctes observations par le bâillement le plus pantagruélique, et ronflait sans vergogne au milieu des sages avis de Mentor à Idoménée.

Ceci, mon Henry, est de bonne guerre, et le professeur avait, dans cet épisode de sa vie de reclus, une trop belle occasion pour ne pas la saisir à la crinière et prendre sa revanche.

Si Dieu permet que tu rentres un jour au nid

paternel, mon doux oiselet, tu voudras avoir la tienne, et de sollicité devenir solliciteur, n'est-ce pas? quel rêve charmant!

Mais les Prussiens viennent me réveiller ... Ils défilent sur la chaussée en troupes nombreuses et serrées, cavalerie, infanterie, fourgons remplis de soldats, marchant au pas accéléré. Ils vont au-devant de Bourbaki; s'ils pouvaient ne plus revenir!

Mardi 20. — Rien aujourd'hui. Zélie B*** est allée à Blois. Les Prussiens n'ont plus l'air triomphant des premiers jours. Elle les a vus rentrer tout couverts de boue, paraissant venir de Vendôme. D'autres rentraient en ville par le pont, les vêtements souillés, les traits des chevaux coupés, etc; une physionomie de désarroi qui faisait plaisir à voir. On entend quelques coups de feu vers Amboise. Ce sont des francs-tireurs, le cauchemar des Prussiens.

Mercredi 21. — Ce matin à cinq heures j'ai entendu le pas des chevaux de leurs vedettes. Comme ces gens-là savent se garder! — Jamais nous ne les surprendrons. Hélas! c'est tout le contraire pour nous depuis le début de cette désastreuse campagne. Cette incurie est passée, du reste, à l'état chronique chez nous. C'était la même insouciance au temps des guerres du premier empire. Ton grand'père me l'a raconté cent fois. « Ce qui l'étonnait le plus, nous disait-il, c'était de ne pas trouver tous nos soldats égorgés en allant le matin faire sa ronde, tant ils se gardaient mal. Il avait beau les punir, ils étaient incorrigibles, et recommençaient quelques jours après. »

Si nous triomphons de ces gens-là, ce sera un véritable miracle. Bien commandés, admirablement équipés, tenus par la discipline la plus sévère qui fût jamais, ne commettant d'excès que ceux qui leur sont commandés. C'est tout un système de destruction arrêté d'avance d'après un plan invariable et machiavélique. Audacieux et prudents à la fois, ils offrent en ce moment à l'Europe atterrée et frappée du vertige d'une peur égoïste, à la France écrasée, mais non vaincue, le lugubre tableau de l'invasion étrangère dans des proportions gigantesques, inconnues jusqu'ici. Leur prudence et leur activité sont poussées à un point extraordinaire. Tu vas en juger.

Cette nuit, les soucis et les chagrins de notre cruelle position m'avaient empêché de fermer l'œil. Vers quatre heures et demie cependant, la fatigue l'emportant, je commençais à m'assoupir. Tout à coup je suis réveillé par le pas des vedettes dont je te parlais tout à l'heure.

C'étaient trois lanciers, ou, pour être plus exact, trois uhlans qui *revenaient* de pousser une reconnaissance. Partis à deux heures du matin, ils rentraient à cinq heures, venant d'explorer la forêt jusqu'à Herbault. Ne perds pas de vue, mon enfant, la saison où nous sommes et les 12 degrés au-dessous de 0 que marque notre thermomètre la nuit.

Ils se sont arrêtés chez notre fermier P***, demandant poliment à sa fille, fort peu rassurée par une visite aussi matinale (il ne faisait pas jour encore) :

Brod, wein ! — C'est ce qu'on s'est empressé de leur donner. La crainte est un grand professeur en courtoisie ! — et que peuvent faire, contre des troupes nombreuses et bien armées, de pauvres paysans isolés que nos guerroyeurs à outrance ont commencé par désarmer ?

« *Nous pas schloff du tout* (pas dormir), disaient-ils. — *Francis là !* — montrant la forêt. *Francs-tiroux, capout ; capout à nous ; deux !* indiquant par des gestes d'une effrayante éloquence que nos francs-tireurs avaient pendu deux des leurs.... On assure que ce sont les Prussiens qui, en fusillant sans merci les francs-tireurs tombés entre leurs mains, ont les premiers donné le signal de cette barbarie qui nous fait reculer de plusieurs siècles.

Quelle horrible guerre ! et quelles représailles de pareilles atrocités vont amener ! Quelle honte pour la civilisation !

Civilisation, — guerre, — comme ces mots frémissent de se voir accouplés ! et quel compte terrible auront un jour à rendre au Juge suprême, devant lequel les fronts les plus altiers pâliront, les hommes pervers et ambitieux qui poussent ainsi à un massacre sans nom deux nations que leurs origines religieuses, l'intelligence et les progrès de leurs populations auraient dû porter à se tendre la main ! Eh ! qui cherche donc à exciter à ces actes sanguinaires, ces actes dont on ne trouve l'analogie que dans les luttes impitoyables des sauvages de l'Amérique ?

Ce sont des hommes qui ont toujours les noms sacrés de Dieu et de Providence sur les lèvres ou sous la plume ! détestables hypocrites, jetant le manteau de la religion sur les plus abominables attentats contre l'humanité entière !

Car ce ne sont pas de simples soldats qui sont animés par cet esprit d'acharnement. *Malheur Prusse ! plus malheur France !* disent-ils souvent.

Jeudi 22. — Le vent est subitement tourné au nord cette nuit. Une nouvelle misère s'ajoute à tant d'autres.

Une bise glaciale siffle à travers le bois; le givre, la neige tombent à gros flocons. Que vont devenir nos malheureux soldats, couchant sur la terre nue, habitués, pour un grand nombre du moins, aux douceurs, fatales peut-être, du foyer domestique? — et tant de familles infortunées, dont les dernières ressources ont été dévorées par ces nuées de Prussiens? — Cette pensée seule fait frissonner... On m'assure que des ferments de révolte se manifestent dans les faubourgs de Blois. Il ne nous manquait plus que la guerre civile dans la longue liste de nos malheurs. C'était donc inévitable !

Qu'allons-nous devenir, mon Dieu? — Je ne veux plus y penser, si je puis. — Ce serait à en perdre la raison et à s'abandonner au découragement, si voisin du désespoir. — Non, il faut combattre cet abattement; il serait coupable envers Celui qui nous a tout donné, qui peut, par conséquent, nous le reprendre, mais qui peut aussi nous sauver par la voie la moins attendue, la plus soudaine... Patience donc et résignation. A demain, mon enfant. Il y a pourtant huit jours que le bon Blaise est venu me donner ces chères nouvelles de ma mère. Si j'avais un autre bonheur demain?

23 DÉCEMBRE. — Hélas, non ! rien encore qu'un peu de soleil et un vent moins âpre. — C'est déjà quelque chose. Comme tout est relatif, — comme on devient modeste dans ses désirs , et content de peu ! — C'est déjà un commencement d'amélioration morale. Mais nous avons tant à faire dans ce sens !...

A présent je comprends mieux les petits bonheurs des prisonniers; car nous le sommes bien réellement, quoique l'enceinte soit plus vaste et moins sombre que celle d'un *carcere duro.* — Oui, je comprends aujourd'hui l'attente du pauvre reclus quand son chant plaintif attirait dans son cachot cette horrible bestiole, sa seule compagne, son unique distraction : — et cependant le nom seul de cette intéressante visiteuse m'inspire un si insurmontable dégoût !

Aussi, je l'avoue, je sympathise mieux avec la charmante petite fleur du prisonnier de Saintine : *Picciola,* cette œuvre si chère aux esprits délicats, aux cœurs aimants. C'est assurément la perle de son écrin. Je voudrais l'avoir connu : car en le lisant on l'aime. Que de talent! quelle riche et tendre imagination il faut pour vous intéresser ainsi aux pures amours d'une simple fleur et d'un malheureux!

Pourquoi n'ai-je pu lui ravir un faible reflet de cette puissance créatrice, de ce don d'émouvoir qui fit couler de si douces larmes sur des malheurs peut-être imaginaires? Que n'eût-il pas fait en traduisant les nôtres, si réels, si navrants! Tu suppléeras, mon Henry, avec la vive imagination de tes vingt ans, la fraîcheur immaculée de tes jeunes sensations, à la faiblesse du pinceau que tiennent encore mes mains affaiblies par l'âge et la douleur. Oh! mon enfant, te reverrai-je jamais? Liras-tu même ces derniers vestiges de ma pensée défaillante? Qui te les remettra? Quelle main pieuse recueillera ces cruels souvenirs? Je ne vois personne, — non, — personne qui voudrait se charger de ce triste dépôt. Qui le pourra recevoir à cette heure suprême, où la lumière fuira de mes yeux? à moins que la bonté de Dieu ne me conserve un reste de vie que je serais si heureux de te consacrer, même de loin.

Ah! si la pensée de cet Être souverain, si bon, même dans ses justes rigueurs, ne me soutenait sur le bord de l'abîme, qui sait dans quelles profondeurs désespérées se laisserait tomber mon âme ingrate et coupable!...

Oh! mon enfant, bénis-le de t'avoir donné une naissance, une éducation chrétiennes. N'eusses-tu que ce seul héritage de ton malheureux père, bénis encore le Ciel et remercie-le, car tu seras sauvé du désespoir.

Si, par une étrange et mystérieuse communion, ta pensée, traversant l'espace, venait s'unir à la mienne, qu'elles montent donc ensemble vers ce trône où arrivent, épurées par les anges, les prières et les larmes humaines! — Que, dans un ardent et suprême appel, elles lui demandent le salut de notre France si malheureuse, et notre réunion sur cette terre, avant le coucher de mon dernier soleil!

26 DÉCEMBRE. — Je n'ai plus le courage d'écrire, mon Henry; notre vie, si elle mérite ce nom, est d'une monotonie désespérante. Toujours ces Prussiens avec leurs chariots de réquisitions. — Ils ne laisseront rien dans le pays, — rien que la misère, la faim et le désespoir!

On ne peut plus rien se procurer pour vivre. Ils enlèvent tout, — farines, grains, bestiaux, etc.; ils abattent même les vaches laitières et les mangent. On est obligé de cacher le peu de provisions qu'on a pu se procurer avec des peines infinies. — Bientôt le pain lui-même va nous manquer...

Le thermomètre est descendu encore cette nuit à 12°. Que doivent donc souffrir nos pauvres paysans, n'ayant même plus la possibilité d'aller ramasser péniblement un peu de bois dans la forêt? — Les Prussiens tirent sur tous ceux qui sortent des grands chemins. Ils veulent nous détruire lentement et en détail. L'avenir qui nous attend est tellement épouvantable, que l'imagination s'en effraye et n'ose le sonder... et quelle voie de salut, quelle issue à ce supplice sans nom et sans fin ?

Je n'en vois aucune : — Dieu seul pourrait nous sauver ; — le voudra-t-il ?...

Nous le prions pourtant bien ardemment...

C'était hier la Noël, cette belle et touchante fête, célébrée partout dans le monde chrétien, en Allemagne — comme en Angleterre. — Te souviens-tu, mon enfant, de ces belles nuits étoilées, des chants naïfs de nos jeunes villa-

geoises, des harmonies mystérieuses et tou-
chantes descendant de l'orgue comme des sou-
pirs d'amour envoyés de la patrie des cieux vers
les frères exilés sur la terre?... Ces échos affai-
blis des chœurs célestes, célébrant la gloire du
Seigneur et la naissance miraculeuse de l'Enfant
divin, portant dans ses mains innocentes et bénies le salut et la régénération du monde? Quelles
douces et pures émotions! quel joyeux retour au
foyer pétillant, à la table de famille!

Où se sont envolées toutes ces joies intimes?

Cette fête si chère aux enfants du monde chrétien, nos ennemis eux-mêmes la célèbrent avec
plus de pompe encore et d'apprêts que nous. —
Le souvenir de ces bonheurs de l'intérieur ne
touchera-t-il pas leurs cœurs et ne les disposera-
t-il pas à un arrangement honorable pour les
deux nations, arrangement qui mettrait enfin
un terme à ces hécatombes humaines, à ces
dévastations sauvages, aux souffrances intolé-
rables des deux peuples; car ils souffrent aussi
de l'autre côté du Rhin?

La paix, ce mot sauveur qui ferait tomber les
armes des mains aux plus acharnés, la paix,
qui l'apportera à deux peuples décimés, épuisés?

On frappe à grands coups à la porte... hélas!

ce n'est pas elle, ce sont les Prussiens qui viennent en réquisition ! ils crient : *Fourrache ! fourrache !* — il y en a cinq armés de fusils, le fa-
meux casque en tête et la longue capote grise
sur le dos.

Nos journaux, avec leur véracité accoutumée,
nous les représentaient comme exténués, hâves,
maladifs, en proie à d'horribles épidémies, le
typhus, la dyssenterie, — résultat des longues
marches et des nuits froides passées, sans tentes,
sous ce ciel inclément : — regarde-les donc !
Quelles faces rebondies, quelles larges encar-
rures, quelles tailles colossales, quels membres
vigoureux ! — L'explication est facile ; — elle se
trouve dans la vie plantureuse qu'ils mènent à
nos dépens, couchant dans nos propres lits, et
gaspillant, sans les consommer, toutes nos pro-
ductions, nos ressources alimentaires.

Quel contraste avec les traits pâles et fatigués
de nos pauvres soldats victimes d'un hiver si
exceptionnellement rigoureux, qu'on le croirait
arrivé à dessein (car, dans cette fatale année, les
éléments eux-mêmes combattaient contre nous),
victimes des maladies qui en étaient la consé-
quence inévitable pour eux et non pour les
Prussiens habitués à un climat encore plus rude ;

victimes, enfin, de l'incurie et de l'inexpérience des maîtres inattendus qui s'étaient imposés à la nation comme aux généraux, qu'ils prétendaient, dans leur orgueil omnipotent, diriger du fond de leur cabinet — en décrétant la victoire !

Nous en recueillons aujourd'hui les tristes fruits ; regarde ces malheureux mobiles, guerriers improvisés de par une incapable et implacable dictature, débris infortunés de cette armée de la Loire, qui ne parlait de rien moins que d'aller à Berlin ! elle est aujourd'hui disparue, évanouie, et nous laisse dévorer par ces vautours !

Hâbleries et vantardises ridicules ! Voilà donc ce qu'est devenue la première nation du monde, celle qui promena jadis ses étendards victorieux, d'un bout à l'autre de l'Europe vaincue et consternée !

Quelle revanche pour eux ! quelle humiliation, quels désastres, quelle ruine pour nous !...

Et cependant l'histoire, qui doit être juste, pour avoir le droit d'être inexorable, dira à nos neveux, épouvantés de ces lugubres pages de notre vie nationale, que ni le courage, ni l'élan, ni la science militaire, ni le dévouement à la patrie, ne manquaient aux officiers et aux soldats français. Mais il leur manquait cette première vertu, cet élément indispensable de toute armée, *la discipline ;* il leur manquait de larges approvisionnements bien assurés, des cadres solides, une artillerie puissante, une cavalerie bien montée, et *l'expérience,* cette expérience des armes et de la guerre qui ne *s'improvise pas,* malgré les arrêts et les proclamations contraires des rhéteurs et des proconsuls de cabinet !

Maudites soient à jamais, dans la mémoire de nos enfants, ces ambitions effrénées et égoïstes ! Maudits soient également les conquêtes et les lauriers menteurs, trempés dans le sang et les larmes de plusieurs générations !

Que les peuples comprennent donc, une bonne fois, leurs véritables intérêts et laissent les rois et les souverains s'égorger seuls, s'ils sont si avides de cette gloire insensée ! On les verrait bientôt remettre au fourreau leur épée souvent virginale, et soudain s'éteindre en eux cette ardeur belliqueuse, toujours satisfaite à nos dépens.

Nous en faisons la triste épreuve aujourd'hui, — nos pauvres voisins sont tous désespérés : à l'un son fils, à l'autre son mari, ou son frère, sont chaque jour enlevés par la faux impitoyable.

A toutes ces douleurs, qui ne veulent pas être consolées, joignez la ruine matérielle.

Après avoir proclamé le respect des personnes et des propriétés, les Prussiens enlèvent aujourd'hui jusqu'aux dernières ressources du pauvre. Voilà les fruits de la guerre.

Hier ils se sont bornés ici à prendre du vin : — mais demain que vont-ils exiger? et quelle différence entre notre situation personnelle et celle de nos malheureux paysans! — bien que les sources de notre fortune soient complétement taries, et pour longtemps. — Plus de fermages, et qui aurait le cœur assez égoïste pour oser même y penser? Plus de place, plus de revenus d'aucune nature? comment allons-nous vivre, comment t'envoyer à toi-même, mon pauvre enfant, les ressources dont, nous le savons, tu auras un si grand besoin? — C'est à serrer le cœur, à se désespérer !

Et cependant il ne faut pas... non, il faut inventer, aviser... Va, mon Henry, si tu deviens à ton tour un grave père de famille, ce qui fait sourire ta lèvre juvénile, tu verras de quels soucis il faut acheter les paisibles sommeils de son enfant. Mais on est si bien récompensé par les caresses du réveil!

Tiens, pour dérider un peu les plis de ton
jeune front, je vais te raconter les tristes pali-
nodies d'un personnage bien connu de toi; je
te ferai beau jeu, je pense, et tu n'auras pas
à te creuser beaucoup la cervelle, pour reconnaître, à travers mon *transparent*, cette intéressante physionomie. . . . .

. . . .

Je voulais, mon enfant, changer les allures
naturelles de ma plume, un peu sérieuse, et te
raconter cette historiette; mais après tout, je
n'étais pas derrière les buissons, comme on dit
au village, et ne l'ai point entendue. Je suis
cependant accusé, dans le pays, d'avoir l'oreille
aussi fine que celle de ce personnage d'une vieille
ballade, qui entendait, dit-on, pousser les truf-
fes; — j'aime donc mieux jeter cette petite chronique scandaleuse dans mes oubliettes, moins
redoutables que celles du *bon* roy Loys le on-
zième.

Seulement, et pour ne pas en perdre l'habitude, je te ferai, en passant un petit bout de
morale, — oh! mais si petit, que celui-là ne
comptera pas, — et tu aurais vraiment mauvaise
grâce à t'en plaindre.

Vois-tu, cher enfant, il ne faut jamais croire

que la moitié de ce qu'on dit — et encore... surtout ce qui serait de nature à entretenir la division parmi les hommes.

L'eau de cette source n'est pas pure, et un bon père ne doit jamais y désaltérer la lèvre de son enfant.

Donc, borne-toi à cette maxime, éternellement jeune, du grand poëte latin :

Donec eris felix, multos numerabis amicos ;
Tempora si fuerint nubila, solus eris.

C'est la morale de ma fable, et c'est tout ce qu'il t'en faut.

J'aime mieux te dire, comme contre-partie, le bon procédé de Mme la vicomtesse de B., une des rares personnes qui m'aient donné signe de vie depuis ma mise en disponibilité.

Par un zèle indiscret, une personne obligeante, chargée par moi d'inventer un moyen quelconque de te faire parvenir de nos nouvelles, ainsi qu'à ta bonne grand'mère, s'était adressée à Mme de B. sans me consulter.

Bien que, par suite, aucun billet de ma part n'accompagnât cette requête, ce qui devait lui paraître assez étrange, cette aimable dame a eu la bonté de faire des démarches auprès des officiers prussiens (dont tu le sais, elle parle la langue), pour obtenir un laissez-passer à cette chère et triste correspondance. La sévérité de notre blocus est telle, que sa bonne volonté échoua. Mais je reçus d'elle, le lendemain, un billet très-affectueux, où elle m'exprimait amicalement tous ses regrets de l'échec de son ambassade volontaire.

Voilà, mon Henry, un procédé qui sent sa vraie noblesse. Bien qu'elle soit d'une autre branche religieuse que la nôtre, tu sais aussi combien elle donne aux pauvres catholiques, malgré la modestie de sa fortune.

C'est qu'au milieu des ruines de notre état social et religieux, une grande et sainte figure est restée debout. C'est elle, mon enfant, c'est elle qui sauvera le monde, — sois-en sûr. C'est mon cœur qui me l'a dit.

La Charité, ce lien divin... qui doit unir un jour toutes les humanités du ciel et de la terre, revêt aussi toutes les formes, descend dans les moindres détails, et toujours aimable et charmante, trahit par sa grâce sa céleste origine. Selon l'heureuse expression d'un des plus illustres penseurs de ce siècle, que j'eusse bien ardemment voulu plus religieux (Balzac):

« La vraie politesse vient du cœur; c'est une fleur de la charité. »

Il semble que notre chère voisine ait pris cette délicate pensée pour devise; — qu'elle soit la tienne, mon Henry, et, en pardonnant aux autres, n'oublie jamais celle qui en fit à ton père une si gracieuse application.

Vendredi 30 décembre. — Encore une alerte — fausse cette fois. Une voiture passe près de la barrière et s'arrête... : est-ce pour toi, ma pauvre *Lunette*?

On heurte à coups redoublés à la porte du pressoir, c'est bien la forme courtoise et habituelle des aimables visiteurs qui spolient nos malheureuses campagnes.

Non, — c'est un timbre aviné, mais français cette fois. Le brave homme demande tout simplement où est la Vicomté, — bâtons flottants, — quelle heureuse déception ! que le Ciel le conduise et lui pardonne l'émotion qu'il m'a causée à ton endroit, petite génisse à la robe noire, à la lune argentée; encore un jour de passé pour toi, pauvrette : — les éviteras-tu jusqu'au bout ?

Mais quelle est cette voix ?

Ah ! Dieu bon ! — c'est celle du brave Théophile D., mon ancien employé ; — il m'apporte enfin des nouvelles de mon enfant !

Seigneur, merci ! c'est le jour de grâce !...

Samedi, 31 décembre. — Il t'a vu, — il t'a parlé ; — tu n'es pas malade, — pas blessé ; — tu parais courageux, résigné, dit-il. — Soyez béni, Seigneur, vous qui, des hauteurs incommensurables où vous planez sur les mondes, œuvres de vos mains puissantes, avez permis à la voix d'une infime créature, perdue dans leur poussière, de monter jusqu'au pied de votre trône étoilé, pour appeler votre miséricorde sur la tête de son enfant !

Soyez bénis aussi, Vierge mère, alliance miraculeuse de la terre et des cieux ; Esprits aimés, serviteurs puissants du Maître de la vie, dont les phalanges innombrables rayonnent incessamment autour des sphères lumineuses, et traversent avec la rapidité de la pensée les voûtes azurées de l'infini ! Salut et merci à nos frères du ciel ! Les bienfaits qui en descendent, fleurs charmantes, écloses sous le sourire de Dieu, forment dans vos mains amies comme les anneaux de cette chaîne mystérieuse, lien d'amour, qui unit dans un immense embrassement tous les enfants du Créateur.

C'est cette grande loi de la solidarité et de la fraternité de tous les mondes et de toutes les intelligences, dont la violation a amené l'épouvantable cataclysme dans lequel la France et l'Europe elle-même .vont sombrer, si la *miséricorde* ne sauve ceux que la *justice* a frappés. Implorons-la, mon enfant, pour le monde agonisant et pour nous-mêmes. Elle seule peut arrêter notre ruine finale. Que ce soit la pensée persévérante de nos jours et de nos nuits, jusqu'à l'heure bénie où poindra dans les sombres lointains de l'horizon terrestre les lueurs naissantes de l'aurore du pardon...

1871, 2 JANVIER. — Encore une année qui tombe dans les abîmes du temps. Une autre vient de naître ; — sous quels tristes auspices ! — Puisse cette période nouvelle, heure fugitive qui sonne pour nous sous les voûtes éternelles, nous apporter moins de douleurs que celle qui n'est déjà plus !...

Autrefois, mon Henry, que de charmants bonheurs dans cette grande journée ! que de diplomatie naïve, de joyeux complots, de mystères transparents, de secrets... où tous étaient dans la confidence, et où le plus heureux était le plus trompé. Qu'êtes-vous devenues, joies saintes de la famille ?... Vous êtes disparues avec la famille elle-même, avec l'enfant qui n'est plus là !...

Mon Dieu, épargnez-nous ces souvenirs eux-mêmes, qui passent souriants à travers mes larmes. Ils achèvent de briser ce que ces longues et navrantes épreuves m'ont laissé de courage !

È troppo duro ricordarsi del tempo felice, nella miseria... [1] *,*

A dit l'immortel auteur de la *Divine Comédie.*

Celui-là connaissait le cœur humain.

Seigneur, vous qui êtes père aussi, protégez et ramenez-moi mon enfant ! Que mes mains suppliantes, qui s'élèvent en tremblant vers vous, obtiennent miséricorde pour la France et pour nos ennemis eux-mêmes.

Eh ! n'y a-t-il pas des mères aussi en Prusse, et quelle est, à cette heure sanglante, sur l'une ou l'autre rive de ce Rhin fatal, le foyer où l'on ne pleure pas ?

Où sont-ils, ces êtres chéris, consolation de notre triste passage ici-bas ? Étendus livides et froids sur la terre glacée, sous un linceul de

[1] Le souvenir des jours heureux, au sein de la misère, est la plus poignante des douleurs.

neige, sans une main amie pour fermer leurs blessures, ou clore une paupière déjà envahie par l'ombre de la mort !

Prisonniers, sans asile et sans pain, exposés à toutes les rigueurs d'un climat meurtrier, à toutes les tortures du désespoir et des vains regrets !

Ou dispersés, fugitifs, devant les désastres et les douleurs de l'invasion étrangère !

Mon Dieu, je ne le sais que trop, nous avons hélas ! mérité toutes ces misères ; mais la coupe d'amertume n'est-elle pas pleine ? Votre main généreuse ne la renversera-t-elle pas ?

Ah ! Seigneur, par pitié pour ceux qui vous aiment, par égard pour les prières saintes qui montent jour et nuit sous les voûtes sacrées, par pitié pour les égarés eux-mêmes qui, à cette heure, se repentent et vous implorent, faites cesser cette agonie, arrêtez ces torrents de sang humain, et qu'il ne tombe plus de nos yeux attendris que des larmes de repentir, de reconnaissance et d'amour !

1871, 3 JANVIER. — Ce soir ils sont revenus ; ils étaient quinze. Leur air n'annonçait rien de bon, deux surtout, dont les galons indiquaient des sous-officiers. Ils ont réclamé leur éternel *fourrache*. Cette fois ils ne se contentent pas de nos dénégations, et fouillent brutalement les bâtiments, comme des limiers suivant une piste. Ils ont pris de la paille, — misère, — et voulu prendre les intéressants volatiles que ta mère gardait en réserve, comme une dernière ressource en ces moments de disette. Comme ils n'entendaient pas le français, elle leur a fait comprendre, dans une pantomime très-éloquente, ma foi, qu'elles nous étaient nécessaires pour vivre; car tout est épuisé, mon enfant, et si cette occupation se prolonge encore quelques jours, une véritable famine va commencer. Il paraît que celui-là était moins méchant que les autres; après une discussion assez animée dans le langage de l'abbé de l'Épée, les pauvres poules, qui n'en auront pas meilleur sort, ont été, sans être consultées, adjugées à ta mère. En tout autre moment, cette petite scène nous eût fait sourire; mais nous l'avons désappris.

Ils avaient bien bonne envie de fouiller les appartements; mais l'un d'eux, à qui j'avais pu faire entendre quelques mots de français, les a décidés à partir.

Est-ce bien lui?... Ne dois-je pas, comme tant de fois déjà, reconnaître, mon Henry, les effets de la prière finale contenue dans ta dernière lettre, et l'influence occulte, et mille fois bénie, des protecteurs invisibles accordés par la Miséricorde ?

Remember.

Bref, ils sont partis ; — quel soupir de soulagement ! on respire plus librement ; — non, pas encore ! — Les voilà avec le père Thomas, notre vieux locataire. Le malheureux, en tortillant gauchement son bonnet de laine bleue dans ses grosses mains calleuses, aux sillons si éloquents, s'approche d'eux en balbutiant ; je vois qu'il leur présente une humble requête.

Je m'approche aussi ; car je dois accomplir la loi sainte, et rendre ce que je viens de recevoir. Ils viennent de lui prendre un grand sac de son, que, dans sa naïveté un peu trop primitive, le bonhomme avait laissé dans sa grange, sur la foi d'un traité qui n'était pas signé des deux parties. Il tient, d'une main embarrassée et un peu tremblante, un papier sali et froissé : c'est une *reconnaissance* prussienne, constatant qu'il a conduit avec son cheval, sur les ordres de leurs chefs, et Dieu sait quels ordres ! les fourrages volés par ces pillards, et, comme salaire de son labeur, ils lui ont pris ensuite son cheval !

Ce quadrupède, d'un blanc si douteux, n'avait, à vrai dire, avec le noble animal dont il portait le nom, d'autre analogie que des apparences plus ou moins fallacieuses.

C'était une manière de squelette animé, meilleur à installer dans un musée pour servir à l'étude de l'ostéologie qu'à introduire entre deux brancards; en somme, une des rosses les mieux réussies que j'aie vues de ma vie.

Mais, tu le sais, le pauvre diable est charretier; cet animal est son outil, son gagne-pain ; le lui prendre, c'est le réduire à *la famine,* lui et sa trop nombreuse famille.

J'essaie, mais dans un idiôme nègre, moins expressif apparemment que celui de ta mère, de faire comprendre à ces hommes qu'un de leurs frères, Prussien ou Français, peu importe, va mourir de *faim,* lui et ses enfants, s'ils persistent à lui retenir son seul moyen d'existence.

Si tu les avais vus hausser les épaules, ricaner entre eux et insulter lâchement à cette naïve douleur, si facile à calmer? Je crois, mon Henry, que tu te serais, comme nous, senti saisir par une envie féroce d'exterminer tous ces gens-là; si tu avais vu l'œil de ta mère et le mien se croiser dans un éclair... Non, il vaut mieux que tu n'aies rien vu, et que tu sois loin, bien loin d'ici! Mon enfant, oh! j'en bénis la Providence... Quel vœu pour un père!...

Ils sont enfin partis... Puissent-ils ne jamais revenir!

5 JANVIER. — On entend quelques coups de feu sur les deux rives de la Loire. On assure que les Français se souviennent de nous, — c'est possible, — mais notre espérance a été si souvent trompée!...

Comme les pauvres matelots s'accrochant aux *espars* de leur navire qui sombre, mais abandonnés dans l'immensité de l'Océan aux vagues furieuses, aux tortures de la faim et du désespoir, trop de fois, d'ailleurs, déçus par les mirages trompeurs d'horizons fantastiques, nous ne croirons plus à la terre, — qu'en la touchant.

Et cependant, mon Henry, on m'assure que vendredi, ce jour de douleurs et de grâces, nous avons remporté sur l'ennemi une victoire véritable.

Il paraîtrait que d'abord, une première colonne française, numériquement trop faible, fut ramenée et perdit ses positions. — C'était près d'Her-

bault, tu sais, à quatre lieues de la Fontaine?...
Juge si le cœur de ton pauvre père battait à
chaque décharge, en pensant à tous les ravages
causés, peut-être dans nos rangs, par ces infer-
nales mitrailleuses! car, mon enfant, nous entendions non-seulement leurs roulements stri-
dents et sinistres, mais jusqu'aux lointaines
clameurs de la bataille, que le vent du nord nous
apportait.

Puis le général Ch.... reprit l'offensive, recon-
quit les positions perdues, et repoussa à son tour
les Prussiens. Jusqu'à deux heures et demie,
ils furent refoulés en arrière à une distance de
huit kilomètres.

A ce moment nous nous étions un peu impru-
demment aventurés jusqu'au sommet de nos
côtes, et nous entendions un grand feu s'ouvrir
sur la droite par rapport à nous. C'était, nous
le savons maintenant, l'amiral Jaurès qui arri-
vait fort à propos, avec son corps d'armée, et
qui contribua beaucoup au succès de la journée.

Plein d'espoir et de joie à la réception de ces
nouvelles si consolantes pour de pauvres captifs
bloqués depuis de si longs jours, je me rendais
dimanche à la messe, pour remercier Dieu de
cette lueur de salut, lorsque, pour calmer cette

joie éphémère, je vis sur moi arriver au galop trois uhlans! Ce n'était pas là précisément l'uniforme que j'espérais voir apparaître... Ils s'avancent vers la porte cochère... Je m'arrête pour rentrer et recevoir cette visite plus ou moins flatteuse... Ils tournent le chemin et nous dépassent...

Allons, c'est une reconnaissance; rien à craindre pour la Fontaine, — aujourd'hui du moins; — je puis donc poursuivre mes pieuses intentions... Mais je comptais sans les incartades de quelques mal avisés qui ont failli causer l'incendie de tout notre pays.

J'entends trois ou quatre coups de feu, tellement près, que je dis à deux de nos fermiers qui causaient sur leurs portes :

Mais on se bat donc dans la forêt ? Voilà des coups de fusil à huit cents ou mille mètres de nous au plus.

> . . . . . Comme il disait ces mots,
> Du fond de l'horizon accourt avec furie

Un magnifique capitaine prussien, orné de cinquante hommes d'escorte, d'un grand sabre et d'un fort beau revolver à six coups, ma foi, qu'il agitait d'une façon menaçante.

Voulant détourner l'orage que je voyais fondre

sur notre petit village, je prends mon air le plus
innocent, et, m'adressant à cet officier :

« Vous demandez quelque chose, Monsieur ? »

Le père Louiseau m'aurait envié la question
et l'accent, c'était nature.

« On a tiré d'ici ! de ce bois ! montrant la Fontaine et la Vicomté. Paysans ! paysans !

« *Fous suifre, tout suite, fous fenir afec moi !* »
Et le revolver de prendre une direction désagréable.

« *Moi finir cette affaire, moi prouler toute cette
fillache.* »

Rien que cela pour débuter ! charmante per-
spective ! Me voilà pris, à mon ruban, pour le res-
pectable maire de *cette fillache*, et emmené comme
otage responsable de cette stupide fusillade, qui,
je l'ai su depuis, avait abouti, sur vingt-cinq
coups, à estropier un malheureux cheval, qui
n'était pas même prussien !

Vois-tu ton pauvre père en route pour la Prusse
ou le champ d'exécution, le tout parce qu'il porte
un liseré rouge à la boutonnière, et qu'il a passé
par la cervelle épaisse de quelques naturels de
l'endroit, qu'ils allaient faire un bel exploit et
délivrer le pays, en tuant ou blessant deux

ou trois malheureux uhlans, qui, du reste, ne s'en portent que mieux.

Tu vois, mon ami, les inconvénients des honneurs? Allons, il faut au moins les porter dignement.

Pendant cet intéressant dialogue, nous passions devant le groupe des maisons de Falaiseau, dépendances de la Fontaine :

« *Fous tevez afoir entendu tirer? moi prouler tout.*

— Un instant, permettez, que diablé, capitaine ! Avant de brûler tout un village, il me semble qu'il y aurait bien quelques petites informations préalables à prendre. Tenez, toutes ces maisonnettes renferment de bonnes gens paisibles, et nullement guerroyeurs de leur état. Je les connais tous. On leur a fait rendre des armes bien innocentes dans leurs mains; que voulez-vous donc qu'ils tentent contre toute une armée victorieuse ! car, il ne faut pas nous le dissimuler, par une cause ou une autre, je n'examine pas, cette fois, vous êtes vainqueurs ! »

Il me regarda d'un air soupçonneux.

« *Fous tefez safoir noufelles ?*

— Comment voulez-vous que je sache quelque chose? Je ne sors jamais de chez moi ! Tenez, voici ma maison. » Cette pauvre Fontaine ! elle avait grand besoin en ce moment-là de cette source dont ta petite mère est si fière ! »

Qu'en dis-tu, mon Henry?

« Mais, dis-je, reprenant mon difficile plaidoyer, prenez garde ! Vous n'êtes vainqueurs que parce que Dieu l'a voulu. Vous êtes les verges dont il se sert pour nous châtier. Autrement vous ne seriez pas ici... »

Allons, voilà le revolver qui reprend sa position horizontale, et de plus en plus désagréable.

L'œil du capitaine s'allume, son sourcil se fronce, ses dents se serrent.

Ce capitaine était jeune, vingt-cinq ans au plus, un long sabre au côté, cinquante hommes, baïonnette au bout du canon, sur les talons, et toujours ce maudit revolver armé et prêt à parler un langage net et clair... Si c'eût été seulement un duo !

Ma foi, ce revolver m'agaçait, et ma provision de patience s'épuisait.

Il me semblait si ridicule dans la main de ce jeune guerrier, orné de sa garde d'honneur, contre un homme seul, et qui n'avait pour toute arme offensive et défensive que son livre de messe ! C'était peut-être la meilleure...

Je lui dis, en souriant cependant, car je me faisais à la situation, et commençais à l'envisager avec philosophie :

« Je crois, capitaine, que vous pourriez, sans imprudence, remettre dans votre ceinture ce petit instrument, bien inutile, ce me semble, vis-à-vis de moi, dont vous n'avez pas, j'imagine, grand péril à craindre. » Et je lorgnais l'escorte.

Il me répondit brusquement :

« C'est mon habitude.

— Au fait, en temps de guerre ! et c'est triste chose, tenez, Monsieur, aussi bien pour vous que pour nous. Quelle stupidité que de s'entr'-égorger ainsi ! Deux peuples qui devraient s'estimer et se tendre la main, au lieu de se massacrer bêtement, — et pour qui ?

« De quel pays êtes-vous donc, Monsieur ? »

C'était moi qui interrogeais maintenant. Chose réellement curieuse, que ce double jeu de mon esprit, qui faisait en aparté cette singulière réflexion psychologique ?...

Mon homme se calmait un peu.

« De la Hesse.

— Et moi, d'ici même. Et j'allais à l'église fort paisiblement, lorsque vous avez, un peu inopinément, je l'avoue, interrompu ma route.

— *Nous n'afons pas te timanche, nous !*

— Vous êtes cependant protestant?

— *Oui.*

— Et moi, catholique; donc nous appartenons l'un et l'autre à deux branches de la grande famille religieuse, nous sommes donc chrétiens tous deux ! Croyez-moi donc, agissez humainement et chrétiennement, et ne brûlez... que votre cigare ! »

Ou la vanité me perd, mon enfant, ou il me semble que notre bon curé lui-même eût été jaloux de ma péroraison.

Décidément les rôles changeaient, et, pour un peu, je crois que j'allais monter en chaire.

Nous passions alors devant la grille du château de la Vicomté, j'interpelle audacieusement le jardinier : « Vous n'avez rien ici, n'est-ce pas?

— Non, Monsieur, je suis seul avec ma femme.

— Je le savais bien, dis-je en me tournant triomphalement vers mon gardien, rien n'est plus inoffensif que cette population...

— Hum! hum! »

Il ne paraissait pas encore très-convaincu, mais ne disait plus mot.

Ne crois pas, du reste, mon ami, que je

fusse pour quelque chose dans cette magnifique attitude. J'en serais parfaitement incapable.

Mais, en ce moment-là, je me sentais si bien gardé et inspiré !

Ah ! mon enfant, c'est une rude force que la foi !

Croyant ville gagnée et mon farouche geôlier, sensiblement touché de mon éloquence champêtre...

« Je disais donc, monsieur l'officier, que j'allais à la messe, et à présent que j'ai fait votre volonté en vous accompagnant jusqu'aux limites de notre petit territoire, avec votre permission je vais...

— *Non, fous rester encore !* »

Allons, décidément, la chose se complique. Si on a tiré sur notre commune, je pourrais bien apprendre à mes dépens ce que pèse le plomb prussien.

« *Arrêtez - fous !* à un pauvre paysan, qui, par male chance, nous croisait en ce moment.

— *D'où fous fenir ?*

— De ce bourg - là ! montrant Chouzy dans le fond.

— *Fous afez entendu tirer ; fous tefez safoir ?*

— Non, Monsieur, je...

— *Allons, fous fenir, tout te suite !...* »

Et l'inévitable revolver de rentrer en scène. Le pauvre garçon balbutie, me regarde; je lui fais silence des yeux, et il partage piteusement avec moi les honneurs inattendus d'une escorte royale.

Nous arrivons à la rampe du passage à niveau, où nous trouvons une douzaine de uhlans; l'armée devient complète. Il ne manque plus que l'artillerie; — elle ne saurait être loin, — avec les habitudes de ces messieurs!...

Un dialogue vif et animé, comme on dit au théâtre, s'engage entre l'officier et les éclaireurs qui lui montrent la direction de Chouzy, et les petits bois qui couronnent les hauteurs.

« Comment s'appelle *fotre fillache?*

— La Chapelle, cela dépend de Blois.

— Le plus près ensuite?

— Chouzy.

— Choussy, Choussy — *pon!* Combien distance?

— Quatre kilomètres environ.

— *Pien !* »

Pon! pien! cela va mieux à ce qu'il paraît. Je ne sais pas l'allemand; mais il me semble que l'affaire s'éclaircit, et notre situation aussi.

Je reprends mon éternelle phrase : « A présent, Monsieur, que vous m'avez conduit à la limite de notre territoire, avec votre permission, je vais remplir...

— *Attentez* un peu ! »

A l'homme de Chouzy :

« *Fous, rester et tire vérité !* en lui appuyant le révolver sur la poitrine...

— Je dis la vérité, je ne sais rien, répond tout pâle le pauvre garçon.

— Nous *ferrons pien !* allons, en route ! » Et on l'emmène.

Quant à moi, le Hessois paraissait encore indécis.

Sans affectation, considérant l'affaire comme terminée, au moins en ce qui me concernait, je m'éloignai de quelques pas, en général prudent qui veut ménager sa retraite. — Souvenir classique de Fabius *Cunctator !*

Avec une nonchalance qui n'était peut-être pas très-sincère, j'adresse une ou deux questions, d'un air détaché, à une bonne grosse et fraîche figure d'allemand, qui ne semblait pas trop rébarbative, et qui, perchée sur un gigantesque mecklembourgeois, indiquait du bras le lieu de l'action, et, sans me presser, sous l'œil toujours soupçonneux de mon diable de capitaine, j'opère prudemment ma retraite à petits pas, et avec l'air aussi indifférent que mes moyens me le permettaient.

Ouf! voilà, au moins pour aujourd'hui, un assez mauvais pas de franchi! si on eût tiré deux cents mètres plus près, mon affaire était claire...

Ce que c'est pourtant que la géographie!

Je ferai ériger en ce lieu, je le jure, la plus magnifique borne monumentale, pour qu'on ne s'y trompe pas à l'avenir...

Que veux-tu, mon enfant, je ne me sentais pas en veine ce matin, pour une promenade en Prusse, — ou peut-être ailleurs...

Allons enfin à la messe! il me semble que ce ne serait pas mal vu — et que cette direction-là m'a porté bonheur.

Qu'en dis-tu, mon Henry? J'arriverai probablement à la bénédiction; mais bah! notre bon curé me le pardonnera bien pour une fois, et il y a bien en ma faveur quelques petites circonstances atténuantes.

Il paraît que mon pauvre compagnon d'infortune n'en a pas été quitte à si bon marché. Après avoir été promené des Grouëts à Chouzy, de

Chouzy à Blois, on l'a renvoyé avec une gratification de coups de bois de lance.

Que veux-tu? il était de *Choussy*, où l'on prend un cheval pour un peloton de uhlans, et où l'on croit, avec un patriotisme digne d'un meilleur sort, que l'on sauve la France, en s'embusquant vingt-cinq tireurs pour envoyer, en fin de compte, un cheval chez le vétérinaire; mais en mettant, il est vrai, toute une population sous le coup du pillage, de l'incendie et du massacre.

Toujours la géographie!

Les choses ne se terminent pas d'habitude aussi pacifiquement. Tu vas, hélas! en juger. Chaque jour amène de nouveaux crimes et de nouvelles exactions. Il y a trois jours, c'étaient les deux jeunes filles au grand Pierre, qui voulaient sauver leur vache et la soustraire à leur rapacité. Les infâmes ont tiré — tiré sur deux enfants de quinze ans, frais et roses comme des chérubins! — Hier encore, ils étaient près de la Chapelle, opérant leurs éternelles réquisitions; — c'était chez une pauvre femme et la troisième représentation — sans bénéfice. Elle voulut reprendre un peu du foin qu'ils pillaient, pour donner à sa misérable vache, que cette razzia allait réduire à un jeûne exagéré. Sans doute, cette *reprise* de sa part fut accompagné d'un geste éloquent, peut-être d'une interjection échappée à une franchise campagnarde mise à une trop rude épreuve. Ces brutes la repoussent, la maltraitent. Naturellement son mari cherche, sans violence, à parer les coups et à protéger sa femme; — c'était son droit et son devoir, — il me semble du moins. Sais-tu ce qu'ils ont fait en cinq, contre un homme désarmé? ils l'ont battu et arrêté, peut-être; car, à leurs yeux, défendre sa chaumière, sa femme ou son enfant, est un crime de lèse-majesté prussienne. Oh! c'est bien plus simple et bien plus expéditif, ma foi!

L'un d'eux tout simplement, arme son fusil; le pauvre paysan lève instinctivement le bras pour parer le coup, et la balle, après l'avoir fracturé au passage, lui laboure le cou et siffle aux oreilles d'un passant inoffensif! Horreur! n'est-ce pas? Pourquoi? ce sont jeux de soldats. A la vérité, l'homme n'est pas mort sur le coup : il a langui encore deux jours à l'ambulance du château, où ils refusaient de le laisser conduire, voulant l'emmener prisonnier avec son bras déchiré, pendant inerte le long de son corps sanglant!

Que veux-tu, mon ami, c'est la guerre, — la guerre faite à la prussienne. La balle, d'une forme insolite et creusée en spirale, a labouré les chairs, au lieu de les trouer seulement. Une inflammation épouvantable, une fièvre ardente se sont immédiatement manifestées, et, avant l'amputation jugée nécessaire, le pauvre jeune homme a expiré, maudissant ses bourreaux, appelant sur eux la justice divine, et la miséricorde de notre Père sur sa veuve et ses deux pauvres petits enfants orphelins !...

Et tu crois que le Ciel restera sourd à cet appel? non, mon enfant. Dieu est juste, et si nous sommes justement châtiés, il frappera un jour aussi, et rigoureusement, sois-en sûr, ceux qui, d'exécuteurs de ses sentences souveraines, se font d'eux-mêmes tourmenteurs jurés d'un peuple malheureux.

Tout cela navre, tout cela fait mal. Cette série de crimes et de douleurs, cette agonie de la France est trop longue pour les forces humaines.

Ton pauvre père n'a plus le courage de poursuivre cette lamentable Odyssée. Il va laisser tomber cette plume impuissante à redire tant d'horreurs ! la mesure déborde, et la coupe d'amertume se renverse sur ma pauvre patrie et sur moi-même.

Malheur, malheur! ta mère, épuisée par tant de luttes et d'épreuves, vient de tomber malade, la fièvre est ardente, le danger pressant; pas de médecin, pas de secours!

Pardon, mon Dieu, oh! pardon! mais je souffre tant, que mes yeux obscurcis par les larmes, ne pouvaient plus distinguer l'azur du ciel! Je vous vois, je vous vois; la lumière divine inonde mon front de ses clartés bénies, et rien n'est perdu, puisque je vous ai trouvé!

6 FÉVRIER. — J'ai cessé d'écrire, mon Henry. Je croyais la coupe pleine. — Hélas! non: — voilà quinze jours et autant de nuits passés au chevet de ta pauvre mère : les jours à attendre que la brutale visite des Prussiens vienne mettre fin à cette existence torturée et si faible qu'elle semble suspendue à un fil, les nuits à écouter à la porte de la mourante, si elle m'appelle ou si son dernier souffle vient de s'envoler...

Tout est brisé chez moi : il n'y a plus de ressort, plus d'énergie. Le cœur seul bat toujours, et c'est par la douleur que je sens encore la vie.

Qu'elle est longue, mon Dieu, et qu'on a donc de peine à mourir !

Le 26 janvier, dans un de ces évanouissements si fréquents et si profonds, qu'ils semblent toujours devoir être le dernier, tout à coup elle revient à elle, me fait signe, car elle ne peut plus parler, qu'elle veut de l'air, qu'elle étouffe ; j'étais seul, je cours à la fenêtre, et me précipite vers elle...

Grand Dieu ! tout est dit ! — plus rien, — plus de souffle...

Jésus, ayez pitié de moi !...

Je sonne, je crie ; Norine arrive. Vainement nous mettons tout en œuvre pour lui rendre l'usage de ses sens. Soins superflus, efforts impuissants ! plus rien, — rien que le désespoir et la mort !...

J'abandonne ce corps inerte que la vie a déserté, et, me précipitant vers la chapelle, comme un insensé, je vais demander à Lui, à Dieu, seul Maître de toutes choses, seul appui des malheureux, le secours que les hommes ne peuvent plus donner...

Malheur ! — les portes sont fermées ! — Je heurte avec désespoir, mes jambes chancellent ; je fais un dernier effort, je cours chez le sacristain, chez le bon curé; personne, pas de clefs!...

Ah! les mauvais esprits sont acharnés sur nous! Ils ne veulent même pas me laisser sauver son âme...

Dieu bon! — c'est lui, — c'est le saint prêtre; je me précipite, la porte s'ouvre sous ma main fièvreuse, et je me jette à genoux en pleurant, non, en criant à la sainte Vierge : « Notre mère des cieux, à moi! elle se meurt, et vous seule pouvez la sauver! Ah! du moins sauvez, sauvez son âme, et que les cris de mon cœur broyé montent par Vous jusqu'à l'Éternel! »

Les sanglots étouffent ma voix ; — mais ce cri d'agonie va peut-être fléchir la justice — et laisser répondre la miséricorde!

Je rentre chancelant vers cette demeure funèbre, et... c'est le salut que je lis sur les lèvres pâlies, mais souriantes, de ta pauvre mère...

Cette fois, c'est près de sa couche de douleurs que je me jette à genoux; — mais nos larmes sont douces : — ce sont celles de la plus vive, de la plus ardente reconnaissance; c'est le suprême élan de l'amour vers Celui qui est tout Amour!

Ici s'arrête le Journal.

Un armistice vient d'être signé. Un appel à la Nation, une Assemblée, la paix ! Peut-être... ce serait la résurrection de Lazare...

Mon Dieu, sauvez la France, et que votre saint nom soit glorifié par ce peuple repentant, ramené enfin à vos pieds par le remords et le pardon.

Fontaine de la Gaure, 6 février 1871.

ALFRED MAHON.

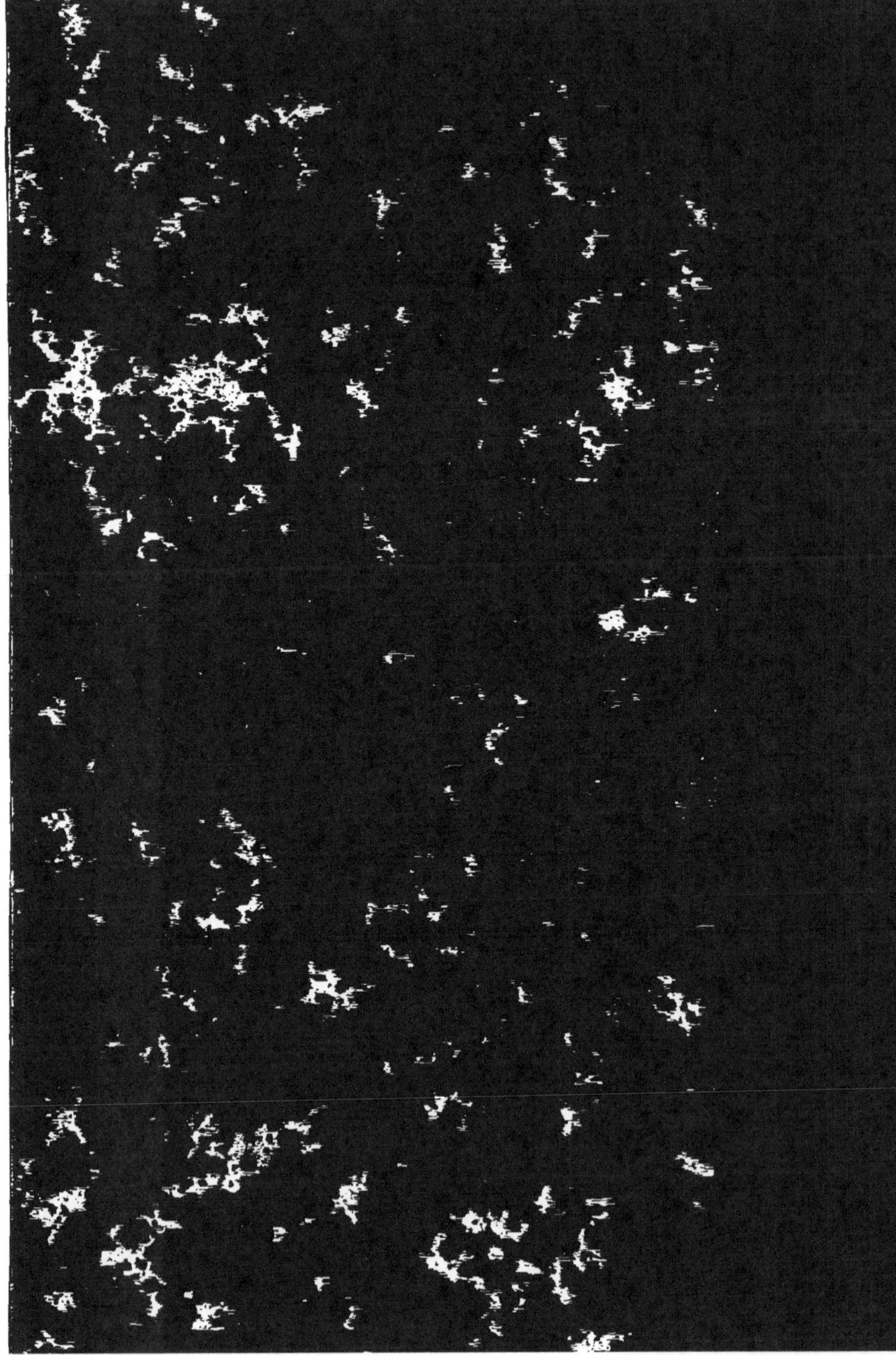